VIA PERICULOSA

"THE DANGEROUS ROAD"

A LATIN NOVELLA
BY
ANDREW OLIMPI

COMPREHENSIBLE
CLASSICS PRESS
Dacula, GA

Via Periculosa
A Dangerous Road

Series: Comprehensible Classics #4

Blog:
www.comprehensibleclassics.wordpress.com

1st edition 2017

Text and illustrations © 2017 by Andrew Olimpi
All rights reserved

ISBN-13: 978-1973955542
ISBN-10: 1973955547

Discipulis meis
quot sunt
quot fuerunt
quot in futuris erunt temporibus

AUTHOR'S PREFACE

The following novella is a loose adaptation and expansion of a short and amusing story about a man's encounter with a monster one moonlit evening. The text is drawn from Petronius' *Satyricon* (62-3) and contains many supernatural elements, which are still employed in books and movies today, though I won't go into specifics here (it would be no fun to spoil the plot!). I have taken the liberty to reshape the narrative with two things in mind: interest and readability. I fleshed out the narrative into something of a supernatural thriller, with some elements of horror, romance, and humor. Most importantly I also attempted to make the book easily accessable to first- and second-year Latin students.

For years I have read this story with students (in various versions and in various textbooks) with only moderate success. It always started out well, but eventually my students' interest would wane, until by the end, everyone was ready to move on to something else. I could not figure out the lack of interest in this amusing story--well, amusing in *my* opinion, at least.

So, to get to the bottom of things, I was desperate enough to try something that many teachers would never resort to: I asked the students what they didn't like about it.

And . . . they told me.

It was actually very simple. *Primum*, the story was too difficult to read for pleasure. It could only be understood after laborious translation.

Furthermore, the classroom version I used contained too much unknown vocabulary and featured some impressively long sentences. *Secundum*, in the eyes of a modern audience, the original story (at least in its simplified classroom adaptation) committed that gravest of literary sins: it was dull and predictable. No one cared about the ending because everyone saw the ending coming.

This adaptation attempts to address these concerns in the following ways:

(1) I have taken great pains to make this text as readable to a novice student as possible (explained below).

(2) I frequently employ word-order deliberately similar to modern language word-order to clear up ambiguities (while trying to stay within the bounds of good *Latinitas*).

(3) I also strived to keep my sentences short. I have not "sheltered" grammatical elements, but rather have employed whatever verbs, nouns, or turns of phrase are most clear and vivd in the moment.

(4) I did shelter vocabulary usage. The text assumes that the reader is familiar with roughly 88 common Latin words (some of which are recognizable cognates).

(5) I also provided generous vocabulary help throughout the text, establishing meaning though pictures and footnotes. At all times, I have strived to err on the side of *comprehensibility*.

My goal for this book is that it be a pleasurable reading experience.

For me, that's the key ingredient to helping students acquire the language: having a narrative so transparent, clear, and interesting that the reader gets lost in the plot. In fact, I have found that students can usually tolerate richer linguistic complexity if the narrative itself is captivating. To aid in this venture, I have made extensive use of clear English cognates and employed various forms of text-enhancement, including footnoted glosses, bold words, and pictures.

I also have used many, *many* personal pronouns, knowing full well that Roman, medieval, and renaissance authors would often omit them. However, language acquisition research suggests that personal pronouns are important to helping establish meaning for novice readers, even if more advanced readers can do without them. My aim is to create a clear, readable text for novices. Those who would be bothered by the frequent inclusion of "*ego*" and "*tu*" in the narrative are probably the wrong audience for this book.

I wish to thank all the Latin teachers who are writing novellas for their students, and those who have given me excellent advice while I was writing mine. I also specifically want to thank my Latin II and III students (during the 2017-18 school year) for their invaluable help in reshaping my bloated and difficult-to-read first draft into something that students can (and hopefully *want*) to read.

And finally, *plurimas gratias* to Lance Piantaggini for carefully proofing the manuscript and saving me from making several embarrassing errors!

Andrew Olimpi
Hebron Christian Academy
March, 2018

ABOUT THE SERIES:

Comprehensible Classics is a series of Latin novels for beginning and intermediate learners of Latin. The books are especially designed for use in a Latin classroom which focuses communication and input (rather than traditional grammar-based instruction). However, they certainly are useful in any Latin classroom, and could even provide independent learners of Latin interesting and highly-readable material for self-study.

Filia Regis et Monstrum Horribile
Comprehensible Classics #1:
Level: Beginner
Unique Word Count: 125

Perseus et Rex Malus
Comprehensible Classics #2:
Puer Ex Seripho, Vol. 1
Level: Intermediate
Unique Word Count: 300

Perseus et Medusa
Comprehensible Classics #3:
Puer Ex Seripho, Vol. 2
Level: Intermediate
Unique Word Count: 300

Via Periculosa
Comprehensible Classics #4
Level: Beginner-Intermediate
Unique Word Count: 88

Forthcoming Titles (Coming in 2018):

Familia Mala: Saturnus et Iuppiter
Level: Beginner

Familia Mala: Iuppiter et Prometheus
Level: Beginner

Ariadna
Level: Beginner

Scylla
Level: Beginner

Polyphemus Ille Cyclops
Level: Beginner

TABLE OF CONTENTS

Charta Geographica

Italia Antiqua

Capitulum I
In Via

Ego sum Nīcerōs; servus eram. Graecus sum, sed in Ītaliā **versābar.**[1] **Ōlim**[2] in Ītaliam ego iter faciēbam per Viam Appiam.

Via erat longa et difficilis.

---

[1] versabar: *I was dwelling, living*
[2] olim: *once, at one time*

3

Via quoque erat perīculōsa. Ego eram **fugitīvus!**[3]

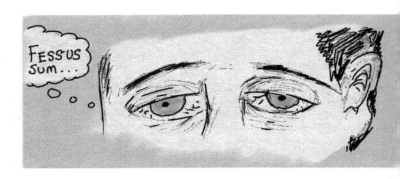

Ego eram **viā fessus.**[4] Ego dormīre volēbam. Ego quoque cibum et vīnum volēbam.

---

[3] fugitīvus: *fugitive, a runaway slave*
[4] via fessus: *tired by the road*

Mox ego īvī ad **tabernam.**[5] Taberna mala et suspīciōsa erat.

Ego scīvī tabernās esse perīculōsās. Sed . . . Ego eram fugitīvus. Nōn erant multī optiōnēs!

Ego in tabernam īvī. In taberna ego vīdī multōs variōs virōs. Hāc nocte multī loquēbantur et vīnum bibēbant.

---

[5] taberna: *inn, tavern*

Caupō[6] ad mē īvit. Caupō **mihi vidēbātur**[7] esse vir amīcus.

Caupō: "Salvē! Nōmen mihi est Eucliō. Quid tū vīs, mī amīce? Vīsne cibum et vīnum? Nōs habēmus cibum et vīnum bonum in hāc tabernā!"

---

[6] caupo: *the innkeeper*
[7] mihi videbatur: *seemed to me*

Ego putāvī: *Haec taberna mala est! Malī sunt virī, quī in tabernīs* **versārentur.**[8] *Vīnum et cibus erint malī in hāc tabernā!*

Ego respondī: "Certē! Ego vīnum et cibum volō!"

Vir mihi vīnum et cibum dedit. **Ut putābam,**[9] cibus et vinum erant malī!

Sed **cūrae mihi nōn erat.**[10] Ego contentus vīnum bibī et cibum comēdī. Ego multōs optiōnēs nōn habuī.

Ego Eucliōnem vīdī. Ille erat suspīciōsus.

---

[8] versarentur: *spend their time, "hang out"*
[9] ut putabam: *as I was thinking*
[10] curae mihi non erat: *it was not a care to me, I didn't care.*

Capitulum II
In Taberna

Euclio "Cūr tū sōlus iter facis, mī amīce? Ego putō tē esse servum. Esne tū fugitīvus?"

Ego: "Fugitīvus?? Ego nōn sum fugitīvus! Servus nōn sum!"

Euclio: "Fortasse ego tibi **crēdō**[11]... fortasse nōn crēdō. Habēsne tū **pecūniam**?[12]"

Euclio manum extendit.

---

[11] credo: *I believe*
[12] pecunia: *money*

Ego trēs **nummōs**[13] Eucliōnī **dedī**.[14] Eucliō nummōs in manū īnspēxit. Iam ille laetus erat.

Eucliō: "Iam ego tibi crēdō, mī amīce. Iam ego sciō tē *nōn* esse servum. Tū? Fugitīvus? Rīdiculum est! Secrētum tuum est **tutum**,[15] Nīcerōs."

Subitō ego vīdī mīlitem in tabernā.

---

[13] nummos: *coins*
[14] dedi: *I gave*
[15] tutum: *safe*

Mīles mē **intentē spectābat**.[16]

Ille mihi nōn placēbat. Ego suspicīsōus eram. Mīles scīvīt mē esse fugitīvum?

Subitō mīles ad mē īvit! Ego timidus eram!

---

[16] intente spectabat: *was watching closely*

Mīles: "Amīce, vēnī mēcum."

Ego: "Quid?? Ego *nōn* ībō tēcum! Ego nesciō **quis tū sīs!**[17]"

Mīles: "O Nīcerōs, nōlī loquī, et venī mēcum! **Tempus fugit!**[18]"

Mīles **vidēbatur esse**[19] amīcus. Iam ego eram cūriōsus. Ego cum mīlite īvī.

Ego putāvī: *Quōmodo mīles* **nōmen**[20] *meum scīvit?*

---

[17] quis tu sis: *who you are*
[18] tempus fugit!: *time is fleeing, time flies*
[19] videbatur esse: *seemed to be*
[20] nomen: *name*

Capitulum III
Rūfus

Mīles et ego in **tenebrās**[21] īvimus.

Mīles: "Nōlī loquī, sed vidē!"

Subitō vir in tabernam īvit. Ego scīvī **quis vir esset**.[22]

Ego: "Ēheu! Ego sciō virum! Vir est Rūfus. Rūfus est vir malus!"

---

[21] tenebras: *the shadows*
[22] quis vir esset: *who the man was*

Ecce—ille **ānulum**[23] **in digitō**[24] habet. Ānulus dominī meī est!"

Rūfus mihi nōn placet!"

Mīles: "Audiās! Et nōlī loquī!"

Rufus ad Eucliōnem īvit.

Rūfus: "Ō caupō, ego Rūfus sum, et ego volō **servum quendam.**[25] Servus est

fugitīvus. Hic servus ā dominō meō effūgit. Hāc nocte vīdistīne tū servum suspīciōsum?"

---

[23] anulum: *a ring*
[24] in digito: *on his finger*
[25] servum quendam: *a certain slave*

Eucliō nummōs meōs in manū vīdit.

Eucliō: "Rūfe, ego servōs suspīciōsōs **vel**[26] fugitīvōs nōn vīdī! Virī in tabernā meā nōn sunt fugitīvī."

Rūfus multōs variōs virōs in tabernā vīdit. Ille neque mīlitem neque mē vīdit.

Eucliō: "Ō vir, vīsne tū cibum?"

Nōn erat respōnsum. Rūfus ex tabernā rapidē īverat.

---

[26] vel: *or*

Mīles: "Nīcerōs, **verum dīcās!**[27] Tū es servus! Fugitīvus es! Cūr tū effūgistī domō tuā?"

Ego: "Ō mīles, tū scīs secretum meum. Ego sum servus. Ego sum fugitīvus!

Sed . . . audī **fabulam**[28] meam!"

Ego fābulam mīlitī dīxī.

Capitulum IV
Fabula I: Melissa

Haec erat **fābula mea:**[29]

"**Ut scīs,**[30] servus sum. Ego in urbe Brundisiō **habitābam.**[31]

"Dominus meus vir **dīves**[32] erat. Ille domum magnam habuit. Erat quoque in domō multī variī servī.

---

[29] fabula mea: *my story*
[30] ut scis: *as you know*
[31] habitabam: *I was living*
[32] dives: *rich, wealthy*

"Mihi nōn placuit esse Brundisiō. Dominus meus malus erat.

"In urbe Brundisiō erat **forum**[33] magnum. Ego eram in forō. Ego **exspectābam**[34] dominum meum.

"Subitō ego puellam pulchram in forō vīdī.

Puella **mihi vidēbātur**[35] esse pulchra. Ea erat **ancilla**.[36]

Puella mē vīdit.

"Puella: 'Salvē, vir! Ego sum Melissa. Domina mea Brundisium vīsitat.'

"Ego et Melissa **multās hōrās colloquēbamur**.[37] Mihi placēbat Melissa!

---

[33] forum: *a marketplace*
[34] exspectabam: *I was waiting for, exspecting*
[35] mihi videbatur: *it seemed to me*
[36] ancilla: *slave girl, handmaiden*
[37] multas horas colloquebamur: *we were conversing for many hours*

"Melissa: 'Ō Nīcerōs, miserābilis sum! **Crās**[38] ego **rūrem ībo**[39] cum dominā. Ego nōn possum tē vīsitāre.'

"Ego: 'Ō Melissa, miserābilis quoque sum! Dominus meus malus est! Ego nōn possum *tē* vīsitāre.'

"Mox puella cum dominā Brundisiō īvit. Ego nōn poteram cum puellā loquī. Ego nōn poteram puellam vidēre.

"Ego miserābilis eram!

---

[38] cras: *tomorrow*
[39] rurem ibo: *I will go to the country*

Capitulum V
Fabula II: Rūfus Malus

"In domō erat servus. Servus erat Rūfus. Rūfus erat **vīlicus**.[40] Rūfus erat malus **sīcut**[41] dominus! Mihi nōn placuit Rūfus!

"Sed dominō placēbat Rūfus. Dominus Rūfō vestēs pulchrās **dedit**.[42]

---

[40] vilicus: *a manager, a slave in charge of other slaves.*
[41] sicut: *just like, as*
[42] dedit: *he gave*

"Dominus Rūfō ānulum dedit.

"Ānulus erat magnus et **aureus**.[43] In ānulō erat **signum**[44] dominī.

"Ego nōn habuī vestēs pulchrās et ānulum aureum. Dominus mihi *nihil* dedit.

"Rūfus: 'Ō Nīcerōs! Erāsne tū in **forō**?[45]'

"Ego: 'Certe! Ego in forō eram.'

---

[43] aureus: *golden*
[44] signum: *seal*
[45] forum: *the marketplace, forum*

"Rūfus: 'Tū loquēbāris cum puellā in forō?'

"Ego: 'Ego . . . ego . . . certē. Ego loquēbar . . . cum puellā.'

"Rūfus: 'Ō serve male! **Nōn licet tibi**[46] cum puellīs loquī!'

"Tum Rūfus mē **punīvit**.[47] Rūfus habuit **baculum**[48] magnum. Rūfus mē baculō pulsāvit!

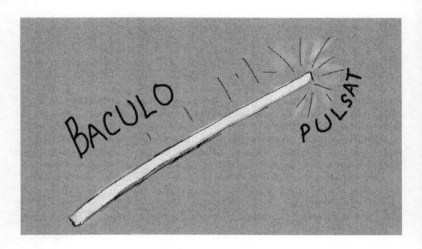

---

[46] non licet tibi: *you are not allowed*
[47] punivit: *punished*
[48] baculum: *stick, rod*

"Mihi nōn placēbat Rufus!

"Ego **cōnsilium cēpī**.[49] Illā nocte, omnibus dormientibus, ego domō effūgī. Ego volēbam Melissam meam secretō vīsitāre!"

"Et iam ego sum in hāc tabernā."

---

[49] consilium cepi: *I seized a plan, came up with* an *idea*

Capitulum VI
Conclave

Ego **fīnem fēcī**[50] fābulae meae.

Mīles: "Tū vīs puellam vīsitāre?

Tum . . .

ego tēcum ībō! Fortis sum!

Ego gladium habeō!

Prīmā lūce[51] ex tabernā ībimus! Nōs iter faciēmus **ad Melissam vīsitandam!**[52]"

---

[50] finem fecī: *I made an end, finished*
[51] prima luce: *at dawn, at first light*
[52] ad Melissam visitandam: *to visit Melissa*

Ego: "Ō amīce! Grātiās!"

Subitō Eucliō ad mē īvit.

Eucliō: "Ō Nīcerōs, tū vīs dormīre in hāc tabernā? Via est longa et difficilis!"

Ego: "Certē, Ō Eucliō, ego volō dormīre in tabernā tuā. Iam ego nōn possum iter facere."

Eucliō: "Ego habeō tibi conclāve bonum! Venī, Nīcerōs! Vēnī!"

Ego et mīles cum Eucliōne īvimus. Eucliō cum mīlite nōn loquēbātur.

Ego putāvī: *Cūr Eucliō cum mīlite nōn loquitur? Eī nōn placent mīlitēs?*

Eucliō: "Ecce—conclāve tuum!"

Ego conclāve inspēxī. Conclāve nōn erat magnum. In conclāvī erat ūnus **lectus.**[53]

Eucliō: "Bene dormiās, amīce!"

Eucliō abīvit. Ego in conclāve meum īvī. Conclāve erat malum. Mīles in conclāve non īvit.

---

[53] lectus: *bed*

Ego: "Ēheu, amīce! In conclāvī est ūnus lectus sōlus! Ubi tū dormiēs?"

Mīles nōn respondit. Ille quoque **abīverat!**[54]

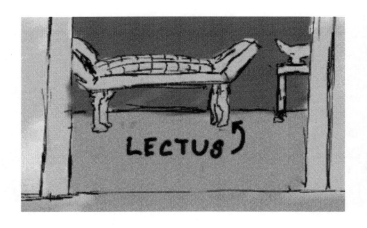

---

[54] abiverat: *had left, had gone away*

Capitulum VII
Ubī sunt omnēs?

Ego: "Mīles? Eucliō? Ubi sunt omnēs?"

Prīmā lūce[55] ego tabernam investīgāvī. Eucliō nōn erat in tabernā. Neque servī neque virī in tabernā erant!

Tum ego sonōs audīvī. Erant sonōs multōrum virōrum. Multī virī loquēbantur. **Anxiī**[56] erant!

Multī virī: "Venīte! Venīte! Ō rem horribilem!"

---

[55] prima luce: *at dawn*
[56] anxii: *anxious, worried*

Ego ad sonōs rapidē īvī. Eucliō et servī et multī erant in viā. Illī erant nōn longē ā tabernā. In viā ego vīdī--

Ēheu! Ego Rūfum vīdī! Ille in viā erat immōbilis. Erat sanguis in vestibus ēius. Erat sanguis quoque in terrā. Ego scīvī eum esse **mortuum!**[57]

---

[57] mortuum: *dead*

Ego: "Aliquis eum interfēcit!"

Eucliō: "Nōn aliquis—ali*quid*. Rūfus ab animālī malō interfectus est!"

Ego: "Fortasse erat ursus. Fortasse erat canis magnus. Fortasse erat . . ."

Euclīō: ". . . lupus."

Ego vīdī **digitōs**[58] Rūfī. Ānulus ēius nōn erat in digitō!

Surreptus erat![59]

---

[58] digitos: *fingers*
[59] surreptus erat: *it had been stolen!*

Ego putāvī: *Mystērium est! Animal ānulōs nōn* **vellet.**[60] *Vir malus ānulōs vult!*

Erant multī virī malī in hāc tabernā . . .

Ego scīvī hanc tabernam esse malum. Ego suspīciōsus eram. Ego rapidē ab tabernā īvī.

Nōn longē ab tabernā ego mīlitem vīdī. Ille in viā erat. Hic vir erat fortis **tamquam Orcus.**[61]

Mīles: "Ō amīce! Ecce tū! Ubi tū **fuistī?**[62]"

---

[60] vellet: *would want*
[61] tamquam Orcus: *(brave) "as hell." Orcus refers to the lower world, the realm of the dead.*
[62] fuistī: *(where) have you been?*

Ego: "Ō mīles, Rūfus interfectus est! Aliquis malus eum interfēcit! Aliquis malus ānulum ēius habet!"

Mīles: "Haec taberna est perīculōsa. **Eāmus!**[63]"

---

[63] eamus: *let's go!*

Capitulum VIII
Seplucra

Tōtum diem[64] ego et mīles iter faciēbāmus.

Nox erat. **Lūna lūcēbat tamquam merīdiē.**[65]

Mox nōs ad **locum**[66] malum vēnimus. In locō erant **sepulcra.**[67] Erant seplucra magna et multa.

---

[64] totum diem: *the entire day*
[65] lunam lucebat tamquam meridie: *the moon was shining as if it were midday.*
[66] locum: *a place*
[67] sepulcra: *tombs*

Multa **nōmina**[68] in sepulcrīs scrīpta sunt. Erant **nōmina mortuōrum!**[69]

Mihi nōn placuit hic locus.

Mīles: "Ego dormīre volō! In hōc locō nōs dormiēmus."

Ego: "Ō mī mīles, ego timeō! Perīculōsum est in viā dormīre!"

Mīles: "Ō Nīcerōs, nōlī timēre! Ego sum fortis et gladium habeō!"

Mīles meus ad sepulcra īvit.

Ego sepulcra **numerābam:**[70] "Ūnum sepulcrum, dua sepulcra, tria sepulcra . . ."

Subitō ego sonum horrificum audīvī!

---

[68] nomina: *names*
[69] nomina mortuorum: *the names of the dead*
[70] numerabam: *I was counting, I started counting*

Ego putāvī: *Quid erat? Estne animal magnum in hōc locō? Estne mōnstrum???*

Minimē . . . ego vīdī fēlem in sepulcrō. Nōn erat animal perīculōsum!

Fēlēs mē vīdit et effūgit.

Ego putāvī: *Dormī,* **inepte!**[71] *Dormī, et nōlī timēre.*

Mox **dēfessus**[72] ego dormiēbam.

---

[71] inepte: *fool*
[72] defessus: *tired*

Capitulum IX
Sonus horribilis

"Ooooooooooooo!"

Ego nōn iam dormiēbam; ego sonum magnum audīvī! Aliquid sonōs terribilēs faciēbat.

Ego putāvī: *Quid est?*

"Ooooooooooooo!"

Iterum[73] aliquis (aliquid!?) sonōs terribilēs fēcit. Ēheu! Erant sonōs mōnstrī!

Ego putāvī: *Ēheu! Mōnstrum adest! Mōnstrum Rūfum interfēcit. Iam illud mōnstrum* mē *interficiet!* **Nōlō**[74] *interficī ā mōnstrō horribilī!*

---

[73] iterum: *again*
[74] nolo: *I don't want*

Ego rapidē īvī **ad mīlitem inveniendum.**[75] Ego vēnī ad locum ubi mīles dormīverat. Ego mīlitem nōn vīdī! Sed erat aliquid in terrā . . .

Ego vīdī tunicam . . .

tunicam mīlitis!

Ēheu! Ego sanguinem vīdī in tunicā.

Ego terram et tunicam īnvestīgāvī. Erant multa **vestīgia**[76] in terrā. Ego scīvī vestīgia nōn esse hūmāna, sed animālia.

---

[75] ad militem inveniendum: *to find the soldier*
[76] vestigia: *footprints*

Erant vestīgia lupī magnī!

Ecce, ego gladium vīdī! Gladius quoque in terrā erat. Erat gladius mīlitis!

Timēns ego putāvī: *mīles meus interfectus est! Illud mōnstrum mīlitem meum interfēcit et comēdit!*

Tum ego vīdī mōnstrum. Mōnstrum erat magnum et terribile **sīcut**[77] lupus.

---

[77] sicut: *as, just like*

Tum ego gladium mīlitis cēpī. Gladius erat magnus et **gravis**.[78] Difficile erat **ferre**[79] gladium mīlitis.

Ego rapidē īvī per viās ad domum Melissae.

---

[78] gravis: *heavy*
[79] ferre: *to carry*

Capitulum X
Porta Melissae

Ante[80] domum Melissae, erat **porta**[81] magna.

Iānitor[82] ante portam erat.

Prīmā lūce[83] ego portam pulsāvī. Iānitor, servus Titus vocātus, ad portam dormiēbat.

Iānitor: "Quis portam pulsat? Quid tū vīs?"

Ego: "Nīcerōs sum! **Necesse est mihi**[84] Melissam vidēre!"

---

[80] ante: *in front of*
[81] porta: *a gate*
[82] ianitor: *a doorkeeper*
[83] prima luce: *at dawn*
[84] necesse est mihi: *it is necessary for me, I must . . .*

Titus portam nōn **aperuit**.[85] Ego **iterum**[86] portam pulsāvī.

Ego: "Heus! Iānitor! Nōlī dormīre! Portam aperī! Mōnstrum horribile est in viā! Et fortasse in hōc locō est! Ego nolō esse in mediā viā perīculōsā!"

Subitō erat **vōx**[87] fēminīna.

Vōx: "Tite! Quid est? Quis in portam sonum facit?"

Melissa erat!

Melissa: "Ō Nīcerōs! Nīcerōs! Cur tū es ad portam??"

---

[85] aperit: *opened*
[86] iterum: *again*
[87] vox: *voice*

44

Ego: "Ō Melissa! Ō rem horribilem! Mōnstrum erat in viā!"

Melissa: "Mōnstrum?"

Ego: "Duo virī ab lupō interfectī sunt! Ego rapidē ad domum tuam īvī **ut tē monērem.**[88]"

Melissa: "Mōnstra nōn sunt in hāc domō. Haec domus nōn est periculōsa. Venī mēcum, mī Nīcerōs."

---

[88] ut te monerem: *in order to warn you*

Ego rapidē in domum īvī. In domō Melissa et ego mōnstrum nōn timēbāmus.

Illā nocte, ego **bene**[89] dormīvī.

---

[89] bene: *well*

Capitulum XI
Horribile! Horribile!

Illā nocte erat mihi **somnium**[90] malum.

In somniō, ego mīlitem vīdī. Mīles erat in viā. Erant multa sepulcra.

Tum ille lūnam vīdit.

Subitō ille transfōrmātus est . . . in lupum magnum!

Ille erat **versipellis!**[91]

---

[90] somnium: *dream*
[91] versipellis: *a werewolf*

In somniō meō, lupus per viās rapidē
īvit ad domum Melissae. Ille in **stabulum**[92]
īvit.   Audīvī multōs sonōs animālium in
stabulō.

Lupus: *Ooooooo!*

In stabulō, multa animālia interfecta
sunt.

In stabulō quoque erat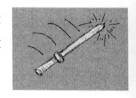
Titus.   In manū servī erat
gladius.   Titus lupum gladiō
pulsāvit!

Erat multum sanguinis.

Ecce! **Auris**[93] lupī
erat in terrā.

Lupus ex stabulō
effūgit faciēns sonōs horribilēs.

---

[92] stabulum: *stable*
[93] auris: *ear*

In somniō mōnstrum rapidē īvit ad sepulcra. Nōn iam lupus erat; iam ille trānsfōrmātus est in mīlitem. Mīles vestēs **induit**,[94] et effūgit.

Ille ad tabernam effūgit.

---

[94] induit: *put on*

CAPITULUM XII
Auris lupī

Postrīdiē māne[95] ego eram sōlus in conclāvī. Servī aberant. Melissa aberat. Ego **paenulam meam induī.**[96] Tum induī **cucullum.**[97]

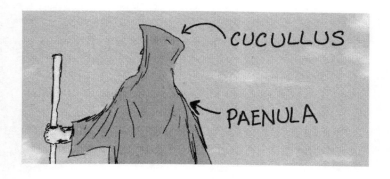

Ego ex domō Melissae īvī.

---

[95] postridie mane: *the next morning*
[96] paenulam meam indui: *I put on my travelling cloak*
[97] cucullum: *hood*

 Ad portam ego Titum vidī. Ille timēbat.

Sanguis erat in vestibus ēius!

Ego: "Tite! Ubi sunt omnēs? Cūr est sanguis in vestibus tuīs?"

Titus: "Horribile! Horribile! Vidē **stabulum!**[98] Vidē stabulum! Mōnstrum. . . sanguis . . . horribile!"

Ego cum Titō ad stabulum īvī. Sanguinis erat **ubīque**[99] in stabulō. Multa animalia interfecta sunt!

Ego: **"Horribile vīsū!**[100] Eratne lupus? Nōn **crēderem**[101] lupum tam multa animalia interficere."

Titus: "Nōn erat lupus ōrdinārius. Hic lupus magnus erat. Hic lupus **duōbus**

---

[98] stabulum: *stable*
[99] ubique: *everywhere*
[100] horribile visu: *horrible to see! what a horrible sight!*
[101] crederem: *I would not believe*

pedibus ībat![102] Nōn ībat quattuor pedibus **sīcut**[103] lupus ōrdinārius. Hic lupus ībat sīcut *vir*, nōn animal!

Ego: "**Quō**[104] effūgit?"

Titus: "Mōnstrum in viam effūgit! Sed ego lupum gladiō pulsāvī. Ego Lupum **vulnerāvī**.[105] Ecce!"

Erat aliquid in manū servī:

auris lupī!

Titus: "Melissa et multī servī īvērunt **ad lupum inveniendum.**[106]"

---

[102] duobus pediubs ibat: *was going/walking on two legs*

[103] sicut: *like, as*

[104] quo: *where?*

[105] vulneravi: *I wounded*

[106] ad lupum inveniendum: *to find the wolf*

Ego rapidē domō abīvī. Ego putāvī: *Ego gladium mīlitis habeō! Ego mōnstrum inveniam et interficiam!*

Capitulum XIII
Secretum

Ego iter faciēbam ad lupum inveniendum. Via erat longa et difficilis.

Mox ego vēnī ad sepulcra. Erat **locus**[107] ubi mīles et ego **dormī-verāmus**.[108]

"Ō Nīcerōs! Mī Nīcerōs!"

Melissa erat! Cum Melissā erant multī variī servī.

---

[107] locus: *the place*
[108] dormiveramus: *had slept*

55

Ego: "Ō Melissa! Hic locus est malus et perīculōsus! In hōc locō amīcus meus interfectus est!"

Melissa: "In *hōc* locō amicus interfectus est? Ubi est sanguis? Ubi est corpus amīcī? Ubi sunt vestēs ēius?"

Ego terram investigāvī. Ecce! Nōn iam erat sanguis in terrā. Nōn iam erant *vestēs* in terrā. Ubi erant omnia?

Subitō, **meminī**[109] somnium meum. Ego scīvī amīcum meum esse **versipellem.**[110]

Ego rapidē abīvī.

---

[109] memini: *I remembered*
[110] versipellem: *a werewolf*

Melissa: "Ō mī Nīcerōs! **Quō[111]** tū is?! Nicerōs! Nicerōs!"

Ego **nihil respondī.**[112]

Ego putāvī: *Ego sciō quis mōnstrum sit! Mox ego mōnstrum inveniam. Tum . . . tum ego mōnstrum interficiam!*

Mox ego ad tabernam vēnī. Lūna in caelō lūcēbat.

---

[111] quo: *where? to what place?*
[112] nihil respondi: *I responded nothing, I didn't respond.*

Rapidē ego in tabernam secrētō īvī!

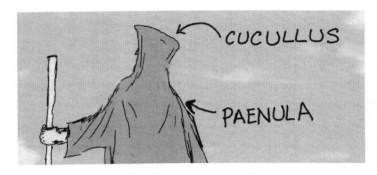

Erat mihi paenula et cucullum.

Eucliō mē nōn vīdit.

Mox ego vēnī ad conclāve **mihi nōtum.**[113]
Ego in conclāve secretō īvī.

---

[113] mihi notam: *known to me, familiar to me*

Conclāve erat **obscūrum**.[114] Ecce—mīles meus sōlus in conclāvī obscūrō erat.

Ego: "Ego tē interficiam, Ō **versipellis!**[115]"

Multum sanguinis erat in capite ēius. Mīles ūnam **aurem**[116] habuit.

Mīles: "Ō Nīcerōs, Iam tū sēcrētum meum scīs."

Ego timuī. Ego nōn poteram loquī. Ille nōn iam erat vir. Ille trānsfōrmātus est.

Trānsfōrmātus est in lupum magnum!

---

[114] obscurum: *dark*
[115] versipellis: *werewolf*
[116] aurem: *ear*

Capitulum XIV:
Versipellis

"Ooooooo!"

Lupus sonōs fēcit.

Tum mōnstrum ad mē īvit. Ego timēbam! Sed ego mē dēfendī. Mōnstrum voluit mē interficere!

Tuxtax! Tuxtax![117]

Eucliō in iānuam conclāvis pulsābat.

Euclio: "**Aperī**[118] iānuam!"

---

[117] tuxtax: *"knock-knock"* (the sound of someone knocking on the door)
[118] aperi: *open*

Lupus:
"*Ooooooo!*"

Ego: "Ō mī Eucliō! Est illud mōnstrum **quod**[119] Rūfum interfēcit!

Mōnstrum in conclāvī est!"

TUXTAX!!

Eucliō iānuam **frēgit!**[120] **Iānuā frāctā,**[121] Eucliō in conclāve rapidē īvit. Ille erat ānxius . . .

et **confusus!**[122]

---

[119] quod: *which, that*
[120] fregit: *broke*
[121] ianua fracta: *after the door was broken, with the door having been broken.*
[122] confusus: *confused*

Eucliō: "Quid ego audīvī in hōc conclāvī? Cūr tū faciēbās sonōs horribilēs?"

Ego: "Lupus mē interficere vult! Mōnstrum est in conclāvī!

Euclíō: "Mōnstrum? Ubi?"

Ego: "Ecce—lupus!"

Sed lupus nōn erat in conclāvī. Ego putāvī: *Illud mōnstrum est magicum! Ubi est? Ille* **ēvānuerat!**[123]

Euclíō: "Neque lupus neque mōnstrum est in hōc conclāve. Ecce! Tū es sōlus"

Ego: "Tū audīvīstī lupum sonōs facientem?"

Euclíō: "Minimē."

Ego: **"Nōnne**[124] tū audīvistī mīlitem?"

---

[123] evanuerat: *had vanished*
[124] nonne: *surely. didn't you . . .*

Euclio: "Minimē. Ego nōn audīvī."

Ego: "Ecce, gladius mīlitis."

Euclio: "Gladius? Quī gladius? Ubi est?"

Ecce! Gladius non iam erat in manū meā. Gladius quoque **ēvānuerat**![125]

Ego scīvī Eucliōnem esse suspīciōsum.

Euclio: "Ecce cucullum tuum! Tū habēs sanguinem in capite!"

Erat in conclāvī **speculum**[126].

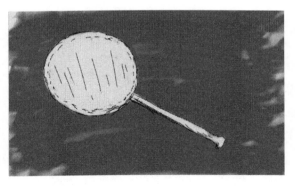

---

[125] evanuerat: *had vanished*
[126] speculum: *a mirror*

Ego in **speculō** mē vīdī. Rē vērā, erat sanguis in capite meō et in cucullō meō.

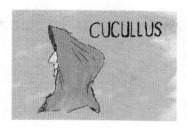

Ego cucullum remōvī . . .

Eculiō: "**Auris**[127] tua! **Deest!**[128]"

Ego caput meum īnspexī. Ego ūnam aurem habuī! *Ubi erat auris meam? Cūr ego habuī ūnam aurem??*

Ego timuī . . . et confusus eram!

Ego: "Nōnne tū mīlitem vīdistī? Amīcum meum?"

Eculiō: "Quid mīles? Quid amīcus? Nōn sunt mīlitēs in tabernā meā. Tū erās in tabernā sōlus!"

---

[127] auris: *ear*
[128] deest: *it is missing*

Ego **digitum**[129] meum vīdī.

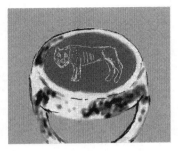

In digitō meō erat ānulus . . . ānulus Rūfī.

Sanguis Rūfī in ānulō erat.

Ego in terrā collāpsus sum. Ego scīvī quis versipellis esset . . .

Ego sum!

---

[129] digitum: *finger*

Appendix:
Fabula Umbrae

NB: *The following is an adaptation of Pliny the Younger's famous letter to Sura (Ep. 7.27) detailing an encounter with a ghost. The story was originally part of the novella: the soldier told it to Niceros before they spent the night by the tombs. In the end, I felt that the story distracted from the overall flow of the narrative. However, since the story is adapted directly from an authentic text and uses the same vocabulary as the rest of the novella, I thought it might be worth including as additional story. Enjoy!*

Erat Athēnīs magna domus, sed et dēserta et mala erat.

Virī in domō habitāre nōn poterant. Nocte sonus audiēbātur in domō: sonus **vinculōrum.**[130]

Umbra sonōs fēcit. Erat **senex**[131] quī longam barbam habēbat.

---

[130] vinculorum: *of chains*
[131] senex: *an old man*

Vincula erant in manibus ēius.

Omnēs inhabitantēs senem vīdērunt
et vincula ēius audīvērunt. Illī inhabitantēs
in domō dormīre nōn poterant! Omnēs
inhabitantēs domō malā effūgērunt.

Mox vēnit Athēnās Athēnodōrus.
Hic vir Athēnodōrus erat **philosophus.**[132]
Athēnodōrus domum dēsertam et malam
voluit.

Athēnodōrus philosophus erat **tam
fortis ut**[133] ille umbrās nōn timēret.

---

[132] philosophus: *philosopher*
[133] tam fortis ut: *so brave that*

Nocte philosophus in domum īvit. Ille vir fortis in conclāvī scribēbat. **Ut solet,**[134] sonus vinculōrum audītus est;

Athēnodōrus sedēbat et scrībēbat.

Umbra ad conclāve adīvit; Athēnodōrus sedēbat et scrībēbat.

Ecce! Subitō senex cum barbā longā in conclāvī erat! Athēnodōrus sedēbat et scrībēbat!

Tandem Athēnodōrus senem vīdit. Ille umbram nōn timuit. Senex ex conclāvī abīvit. Athēnodōrus **secūtus est.**[135] Senex et Athēnodōrus ad conclāve sēcrētum vēnērunt.

Subitō umbra **ēvānuit!**[136]

Postrīdiē Athēnodōrus multōs virōs **convocāvit.**[137]

---

[134] ut solet: *as usual*
[135] secutus est: *followed*
[136] evanuit: *vanished*
[137] convocavit: *called together*

Athēnodōrus: "Ō virī, umbra in domō meā nōn est mala. Venī mēcum!"

Virī Athēnodōrō nōn **crēdidērunt**,[138] sed ad domum īvērunt. Athēnodōrus īvit ad locum in quō umbra ēvānuit!

Athēnodōrus: "Ecce! Est aliquid sub terrā in hōc locō."

Ūnus vir **palam**[139] habēbat. Vir palā terram remōvit. In terrā erant **ossa**.[140] Ossa hūmāna! Ossa erant in vinculīs. Illī virī ossa ex domō remōvērunt. Ossa in sepulchrō dēposita sunt.

Athēnodōrus nōn iam vīdit umbram in domō suā.

---

[138] crediderunt: *believed*
[139] palam: *spade, shovel*
[140] ossa: *bones*

72

Glossary

NB: *Words considered to be core vocabulary (i.e. words whose meanings are not established in the text) appear in this glossary in bold.*

A
ā, ab: *from, away from*
abest: *is away*
   aberant: *they went away*
   aberat: *she/he went away*
   abit: *goes away*
   abīre: *to gō away*
   abīvērunt: *they went away*
   abīvī: *I went away*
ad: *to, towards*
adest: *is here, is present*
   aderant: *they were here, present*
   aderat: *she/he was here, present*
   adit: *goes towards, approach*
   adīvī: *I went towards, approached*
   adīvit: *she/he went towards, approached*
aliquid: *something*
aliquis, aliquem: *someone*
amīcus: *friend*
ancilla: *serving woman, slave (female)*
animal: *animal*
ānulus: *ring*
ānxius: *worried, anxious*
aperit: *opens*
   aperī: *open!*
   aperuit: *she/he opened*
Athēnās: *towards Athens*
   Athēnīs: *from Athens*
audīvit: *he/she heard*
   audiēbātur: *was heard, was being heard*
   audienda est: *must be heard*
   audīre: *to hear*
   audīs: *you hear*

audīta: *heard*
audītō: *(having been) heard*
audīvērunt: *they heard*
audīvī: *I heard*
audiō: *I hear*
audīvistī: *you heard*
aureus: *golden*
auris: *ear*

B

baculum: *a stick*
baculō: *with a stick*
barba: *beard*
bene: *well*
bibit: *drinks*
bibam: *I will drink*
bibēbam: *I drank, was drinking*
bibēbant: *(they) were drinking*
bibēns: *drinking*
bibentēs: *drinking*
biberem: *I drink*
bibimus: *(we) drink*
Brunisium: *Brundisium, a city in Italy*
Brundisiō: *from Brundisium*

C

caelum: *the sky*
cānis: *dog*
Capuam: *to Capua (a city in Italy)*
caput: *head*
caupō: *an innkeeper*
cēpī: *I grabbed, seized*
cibus: *food*
comēdit: *(he/she) ate*
comedam: *I eat*
comedēbam: *I was eating*
comedēns: *eating*

comedentēs: *eating*
comederem: *I ate/was eating*
comēdī: *I ate*
conclāve: *room*
confusus: *confused*
contentus: *content*
crās: *tomorrow, the next day*
crēdit: *she/he believes*
crēdam: *I believe*
crēderem: *I believe*
crēdis: *you believe*
crēdō: *I believe*
crēdunt *(they) believe*
cucullum: *a hood*
cum: *with*
cūr: *why?*
cūra: *care*
cūrae mihi nōn est: *it is not a care for me, I don't care*
curiōsus: *curious*

D

dē: *about*
deest: *is missing*
dēfessus: *tired, weary*
dēserta: *deserted, empty*
dīcit: *say, tell*
dīc: *tell!*
dīcēbam: *I was saying*
dīcēbat: *she/he was saying*
dīcere: *to say*
dīcerēs: *you would say*
dīcis: *you say*
dīxī: *I said*
dīxit: *she/he said*
diēs: *day*
difficile: *difficult*
digitus: *finger*

dīves: *rich, wealthy*
domina: *mistress*
dominus: *master*
domus: *house, home*
dormit: *she/he sleeps*
        dormī: *sleep!*
        dormiās: *sleep!*
        dormiēbam: *I was sleeping*
        dormiēbāmus: *we were sleeping*
        dormiēbat: *she/he was sleeping*
        dormīverat: *she/she had slept*
        dormīre: *to sleep*
        dormīvī: *I slept*
duōs, duās: *two*

E

ē, ex: *out of, from*
ea: *she, it*
eāmus: *"let's go"*
ecce: *look, behold*
effugit: *she/he runs away, escapes*
        effugiēns: *running away, escaping*
ego: *I*
ēheu: *oh no! alas!*
eī: *to him, to her*
eius: *his/her*
ergō: *therefore*
est: *she/he is; there is*
        erat: *she/he was; there was*
        es: *you are*
        esse: *to be*
        esset: *was*
        sīs: *(you) are*
emit: *bought, purchased*
et: *and*
eum: *him*
ēvānuit: *vanished, disappeared*
evanuerat: *had disappeared*

ex: *out of, from*
exspectat: *waits*
>> exspectā: *wait!*
>> exspectābam: *I was waiting*
>> exspectābat: *she/he was waiting*
>> exspectāre: *to wait*

F

fābula: *story*
facit: *he/she does, he/she makes*
>> iter facit: *travels*
falsum: *false*
fēlēs: *cat*
fortasse: *perhaps*
fortis: *brave, strong*
forum: *the marketplace, the forum*
frēgit: *she/he broke*
>> fracta: *broken, having been broken*

G

gladius: *sword*
Graecus: *Greek*

H

habet: *she/he has*
>> habēbam: *I was having*
>> habēbat: *she/he was having*
>> habēmus: *we have*
>> habent: *they have*
>> habeō: *I have*
>> habēre: *to have*
>> habēs: *you have*
>> habet: *he has*
>> habuī: *I had*
habitat: *she/he lives*
>> habitābam: *I have living*
>> habitābat: *she/he was living*
>> habitāre: *to live*

hic, haec: *this*
horribilis: *horrible*
hūmāna: *human*

I

iam: *now*
iānitor: *doorkeeper*
iānua: *door*
ille: *that, that one, he*
in: *in, on*
incrēdibilis: *incredible, unbelievable*
induit: *put on (an article of clothing)*
inhabitantēs: *inhabitants*
īnspicit: *inspects*
        īnspexī: *I inspected*
        īnspexit: *she/he inspected*
intentē: *closely, carefully*
Ītalia: Italy
it: *she/he goes*
        īre: to go
        īvērunt: they went
        īvī: I went
        īvimus: we went
        īvit: she/he went
iter: a journey, a trip
        iter facit: he/she travels, makes a journey
iterum: again
L
lēctus: *bed*
licet: *(it is) permitted, allowed*
locus: *place*
longus: *long*
loquitur: *speaks*
        loquēbāmur: *we were talking*
        loquēbantur: *they were talking*
        loquēbātur: *she/he was talking*
        loquentem: *talking*
        loquī: *to talk*

lūcēbat: *was shining*
lucerna: *a lantern*
lūna: *the moon*
lupus: *a wolf*
lūx: *light*
        prīmā lūce: *dawn, first light*

M

magicus: *magic*
magnus: *large, big*
malus: *bad, wicked*
manē: *the morning, in the morning*
manus: *hand*
        manū: *with his/her hand, in his/her hand*
mē: *me*
        mēcum: *with me*
media: *the middle*
        mediā nocte: *in the middle of the night*
meminī: *I remembered*
meus, mea: *my*
mihi: *to mē/for mē*
mīles: *soldier*
        mīlitem: *soldier*
minimē: *no, not in the least*
miserābilis: *miserable*
monērem: *I was warning*
        ut . . . monērem: *in order to warn, so that I might warn.*
mōnstrum: *monster*
mōvit: *moved*
        mōvī: *I moved*
mox: *soon*
multī: *many*

N

necesse est: *it is necessary*
negōtium: *business*
neque: *and not, nor*
nihil: *nothing*

nōbīs: *to us, for us*
nocte: *night, at night*
nōlō: *I don't want*
nōmen: *name*
nōn: *not*
nōnne: *surely . . .*
nōs: *we*
nostra: *our*
nox: *night*
nummōs: *coins*

O
obscūrus: *dark*
ōlim: *once*
omnēs: *all, everyone*
       omnia: *everything, all*
optiōnēs: *options*
ossa: *bones*

P
paenula: *a travelling cloak*
pāla: *a spade*
pedēs: *feet*
per: *through*
perīculum: *danger*
perīculōsum: *dangerous*
philosophus: *philosopher*
placet: *likes, is pleasing to*
       placēbat: *liked, was pleasing to*
porta: *gate, entry point*
postrīdiē: *the following day*
potest: *she/he is able, can*
       possum: *I am able*
       poteram: *I was able*
       poterant: *(they) were able*
       poterat: *she/he was able*
puella: *girl*
pulchra: *beautiful*

pulsat: *she/he hits, strikes*
      pulsābat: *she/he was hitting, striking*
      pulsantem: *hitting*
      pulsāre: *to hit*
      pulsāvī: *I hit*
      pulsāvit: *he hit*
putat: *she/he thinks*
      putāvī: *I thought*
      putō: *I think*

Q

quattuor: *four*
quī, quae: *who*
quid: *what*
quis: *who*
quod: *which*
quōdam diē: *one day, on a certain day*
quoque: *also*

R

rapidē: *swift, quick*
remōvit: *she/he removed*
respondit: *answers, responds*

S

sanguinis: *blood*
scit: *she/he knows*
      sciēbam: *I knew*
      sciō: *I know*
      scīs: *you know*
      scīvī: *I knew*
      scīvit: *she/he knew*
      scrībit: *writes*
      scrībēns: *writing*
      scrīpsit: *she/he wrote*
      scrīpta sunt: *were written*
sēcrētum: *a secret*

sed: *but*
sedēbat: *she/he was sitting*
senex: *old, old man*
        senem: *old man*
sepulchra: *tombs*
servus: *slave*
sīcut: *just, as*
sōlus: *alone, only*
somnium: *dream*
sonus: *sound, noise*
speculum: *mirror*
stabulum: *stable*
subitō: *suddenly*
suspīciōsus: *suspicious*

T
taberna: *an inn*
tam: *so*
tamquam: *just like, just as*
tandem: *finally*
tempus: *time*
        tempus fugit: *time flies, time flees*
terra: *ground, earth*
tibi: *to you, for you*
timuit: *he/she feared, was afraid*
        timēbam: *I feared, was afraid*
        timēre: *to fear, to be afraid*
        timēret: *he feared, was afraid*
tōtum diem: *the entire day*
trānsfōrmātus: *transformed, changed*
trēs: *three*
tū: *you*
tunica: *shirt, tunic*
tuus, tua: *your*

U
ubi: *where*

ubīque: *everywhere*
umbra: *shadow, ghost*
ūnus: *one*
ursus: *bear*
ut: *so that, in order to*

V

variī, variōs: *various*
vēnit: *he/she came*
   vēnērunt: *they came*
   vēnī: *I came*
   vēnimus: *we came*
   venīre: *to come*
   venīs: *you come*
   venīte: *come!*
versābantur: *dwell, inhabit*
versipellis: *werewolf, "skin-changer"*
verum: *the truth*
vestēs: *clothes*
vestīgia: *footprints, traces*
via: *road*
vīdit: *she/he saw*
   vidē: *look*
   vidēbat: *he/she was seeing*
   vidēbātur: *it seemed*
   vidēns: *seeing*
   vīderat: *he/she had seen*
   vidēre: *to see*
   vidērem: *I saw*
   vīdērunt: *they had seen*
   vidētur: *it seems*
   vīdī: *I saw*
   vīdimus: *we saw*
   vīdistī: *you saw*
vincula: *chains*
vīnum: *wine*
vir: man
vīsitat: *visits*

ad visitandam: *to visit, in order to visit*
vīsitāre: *to visit*
vōx, vōcem: *voice*
vult: *she/he wants*
vīs: *(you) want*
volēbam: *I wanted*
volō: *I want*
voluī: *I wanted*

About the author

Andrew Olimpi lives in Dacula, Georgia with his beautiful and talented wife, Rebekah, an artist, writer, and English teacher. When he is not writing and illustrating books, Andrew teaches Latin at Hebron Christian Academy in Dacula, Georgia. He holds a master's degree in Latin from the University of Georgia, and currently is working towards a PhD in Latin and Roman Studies at the University of Florida. He is the creater of Comprehensible Classics series of Latin novellas aimed at beginner and intermediate readers of Latin.

Comprehensible Classics #1

Filia Regis et Monstrum Horribile

by Andrew Olimpi

Level: Beginner
Unique Word Count: 125

Princess Psyche has everything going for her: wealth, fame, beauty, admirers . . . until Venus the goddess of beauty becomes jealous and sends a terrible curse: Psyche is condemned to marry a horrible monster who lives in a mysterious palace on top of a mountain. Originally told by the Roman author Apuleius, this adaptation of the myth of Psyche is an exciting fantasy adventure, full of twists, secrets, and magic. The reader will also find many surprising connections to popular modern fairy tales, such as "Cinderella," "Snow White," and "Beauty and the Beast."

Comprehensible Classics #2

PERSEUS ET REX MALUS

PUER EX SERIPHO VOL. 1

by Andrew Olimpi

Level: Intermediate
Unique Word Count: 300

On the island of Seriphos lives Perseus a twelve-year-old boy, whose world is abot turned upside down. When the cruel king of the island, Polydectes, is seeking a new bride, he casts his eye upon Perseus' mother, Danaë. The woman bravely refuses, setting in motion a chain of events that includes a mysterious box, a cave whose walls are covered with strange writing, and a dark family secret. "Perseus et Rex Malus" is the first of a two-part adventure based on the Greek myth of Perseus.

Comprehensible Classics #3

PERSEUS ET MEDUSA

PUER EX SERIPHO, VOLUME II

by Andrew Olimpi

Level: Intermediate
Unique Word Count: 300

Perseus and his friends Xanthius and Phaedra face monsters, dangers, and overwhelming odds in this exciting conclusion of "The Boy from Seriphos." This novel, consisting of only 300 unique Latin words (including close English cognates), is an adaptation of the myth of Perseus and Medusa, retold in the style of a young adult fantasy novel.

MORE "COMPREHENSIBLE CLASSICS" TITLES COMING IN 2018!

Made in the USA
San Bernardino, CA
24 July 2018